PARAMAHANSA JOGANANDA

(1893 – 1952)

PARAMAHANSA JOGANANDA

W SANKTUARIUM DUSZY

JAK SIĘ SKUTECZNIE MODLIĆ

Self-Realization Fellowship
FOUNDED 1920
Paramahansa Yogananda

O TEJ KSIĄŻCE: *W sanktuarium duszy* jest kompilacją wyjątków z dzieł, wykładów i nieformalnych pogadanek Paramahansy Joganandy. Te wybrane fragmenty pierwotnie ukazały się w jego książkach, artykułach w *Self-Realization* (czasopiśmie, które założył w 1925 r.), w trzech antologiach jego zebranych pogadanek i szkiców oraz w innych publikacjach Self-Realization Fellowship.

Tytuł oryginału w języku angielskim wydanego przez
Self-Realization Fellowship, Los Angeles (Kalifornia):
In the Sanctuary of the Soul

ISBN 13: 978-0-87612-171-9
ISBN 10: 0-87612-171-7

Przekład na polski: Self-Realization Fellowship
Copyright © 2015 Self-Realization Fellowship

Wydanie autoryzowane przez International Publications Council of *Self-Realization Fellowship*

Nazwa i emblemat *Self-Realization Fellowship* (widoczny powyżej) widnieją na wszystkich książkach, nagraniach oraz innych publikacjach wydanych przez SRF i upewniają czytelnika, że są to oryginalne prace organizacji założonej przez Paramahansę Joganandę i że wiernie przekazują one jego nauki.

Pierwsze wydanie w języku polskim przez
Self-Realization Fellowship, 2015
First edition in Polish from *Self-Realization Fellowship,* 2015

ISBN-978-0-87612-648-6
ISBN-0-87612-648-4

1639-J2784

SPIS TREŚCI

PRZEDMOWA

Poznałam Paramahansę Jogananḍę w 1931 roku, kiedy przyjechał do mojego rodzinnego miasta Salt Lake City, gdzie prowadził cykl wykładów i seminariów. Spotkanie z nim całkowicie odmieniło moje życie.

Chociaż byłam jeszcze nastolatką, szukałam duchowych odpowiedzi. Przedtem słuchałam kazań duszpasterzy rozmaitych kościołów, ale moje serce pozostało niezaspokojone: „Wszyscy mówią o Bogu, ale czyżby nie było nikogo, kto naprawdę Go zna?"

Kiedy weszłam do zatłoczonego audytorium, gdzie Paramahansa Jogananda przemawiał, uniesienie duchowe, moc i miłość promieniejące z jego oczu momentalnie mnie przekonały – do głębi mojego jestestwa – że oto znajduję się w obecności osoby, która odnalazła Boga i potrafi mnie do Niego poprowadzić.

Pewnego wieczoru mówił o wierze i sile woli. Tak bardzo mnie zainspirował, że siedząc i słuchając go, poczułam, iż mając wiarę w Boga, z pewnością można przesuwać góry.

Po zakończeniu wykładu poczekałam, aby go pozdrowić. Od dłuższego czasu chorowałam na poważne zatrucie krwi całego organizmu – był to skutek wypadku w szkole średniej – i lekarze nie potrafili znaleźć na to lekarstwa. Podczas naszej rozmowy nagle zapytał:

– Czy wierzysz, że Bóg może cię uleczyć? – jego oczy płonęły boską mocą.

– *Wiem*, że Bóg może mnie uleczyć – odpowiedziałam.

Pobłogosławił mnie, dotykając mojego czoła. Potem powiedział:

– Od tego dnia jesteś uzdrowiona. W ciągu tygodnia znikną ślady choroby.

I dokładnie tak się stało. W ciągu tygodnia

choroba znikła i nigdy nie powróciła.

Dla Paramahasy Joganandy wiara i modlitwa do Boga nie były sprawą pobożnych życzeń ani nie dającym się dowieść przeświadczeniem. Miał do modlitwy podejście naukowe, które przynosi bezpośrednie rezultaty, bezpośrednie doświadczenie. Tysiącom ludzi na świecie przekazywał ową naukę duchową – jogę, naukę o duszy – określone metody wewnętrznego obcowania z Bogiem, dzięki którym każdy człowiek może doświadczyć z Nim jedności*.

„Uspokójcie się, a wiedzcie, żem ja Bóg"†. Te słowa z Księgi Psalmów opisują cel jogi. W wewnętrznym spokoju, jaki powstaje w głębokiej medytacji, każdy człowiek może nawiązać osobistą łączność z Bogiem. Wtedy modlitwa staje się naprawdę żywą – zażyłą, pełną miłości rozmową duszy i jej Stwórcy w wewnętrznym sanktuarium ciszy.

---

* Te naukowe techniki medytacji, rozpowszechniane przez Paramahansę Joganandę, są dostępne w postaci *Lekcji Self-Realization Fellowship* do
przerabiania w domu.

† Biblia Gdańska, Psalm 46:11

Wiele książek Paramahansy Joganandy oraz jego zebrane pogadanki i szkice zawierają liczne ustępy o tym, jak sprawić, by modlitwa była skuteczna. W tej niewielkiej książeczce skompilowaliśmy reprezentatywną próbkę. Ci, którzy dopiero wkraczają w wewnętrzne życie Ducha, znajdą tu inspirację i wyraźne wskazówki, od czego zacząć. Tym, którzy już wprowadzili program modlitwy i medytacji w swoje codzienne życie, wskazówki te pomogą zharmonizować i pogłębić związek z Bogiem.

Cechą charakterystyczną nauki Paramahansy Joganandy jest to, że Bóg nie jest odległy ani nieprzystępny. Zaprawdę, Bóg jest „najbliższym z bliskich, najukochańszym z ukochanych, jest bliżej niż najbliżej, tuż za naszymi myślami, tuż za słowami, którymi się modlimy".

Tak jak to pokazuje Paramahansadźi w tekstach zebranych w tej książce, jeśli codziennie poświęcimy choć troszkę czasu na modlitwę i medytację, to Nieskończony Ojciec-Matka-Przyjaciel staje się żywą, oświecającą Obecnością w naszym życiu

– dającą siłę, prowadzącą nas, niosącą odnowę, uzdrowienie.

O to się dla ciebie modlę, Czytelniku; i wiem, że o to samo modliłby się również Paramahansadźi.

Śri Daja Mata (1914-2010),
trzecia przewodnicząca i duchowa przewodniczka
Self-Realization Fellowship[‡]
/Indyjskiego Towarzystwa Yogoda Satsanga

Los Angeles,
styczeń 1998

---

‡ Dosłownie tłumacząc, „Stowarzyszenie Samorealizacji". Paramahansa Jogananda wyjaśnił, że nazwa Self-Realization Fellowship oznacza „wspólnotę z Bogiem poprzez samourzeczywistnienie, i przyjaźń ze wszystkimi poszukującymi prawdy duszami". Zobacz także „Cele i ideały Self-Realization Fellowship".

I

MODLITWA JEST ŻĄDANIEM DUSZY

—∾—

WEJDŹ W CISZĘ
SWOJEJ DUSZY

Świątynia Boga jest w twojej duszy. Wejdź w jej ciszę i zatop się w medytacji, przy świetle intuicji palącym się na ołtarzu. Nie ma tam niepokoju, poszukiwania ani dążenia. Wejdź w ciszę odosobnienia...

—m—

Wejdź do najskrytszego sanktuarium duszy. Przypomnij sobie i uświadom zapomniany obraz Boga w tobie.

—m—

Każdy z nas jest dzieckiem Boga. Zrodzeni jesteśmy z Jego ducha, w całej jego czystości, chwale i radości. Dziedzictwo to jest niepodważalne... W Biblii napisane jest: „Czy nie wiecie, że świątynią Bożą jesteście i że Duch Boży mieszka w was?". Pamiętaj zawsze: twój Ojciec kocha cię bezwarunkowo...

Nie musimy uciekać do dżungli, aby Go szukać.

Możemy Go znaleźć w dżungli codziennego życia, w jaskini wewnętrznej ciszy.

—〰—

Nawet jeśli nie uczynisz nic więcej poza szczerą modlitwą do Niego, Jego wielka radość w końcu na ciebie spłynie.

—〰—

Prawdziwa modlitwa jest wyrazem duszy, łaknieniem duszy. To pragnienie Boga, które wzbiera w tobie, wyrażając się żarliwie, w ciszy.

—〰—

Mów do Niego nieustannie, w duchu; wtedy nie zdoła On pozostać z dala od ciebie.

—〰—

Pan jest Matką wszystkich matek, Ojcem wszystkich ojców, Jedynym Przyjacielem w postaciach wszystkich przyjaciół. Jeśli zawsze będziesz o Nim myśleć jako o najbliższym z najbliższych, to doświadczysz w życiu wielu cudów. „On chodzi ze mną, rozmawia ze mną i mówi mi, że należę do Niego".

KIEDY LUDZKA POMOC
JEST BEZSILNA

Są dwie metody zaspokajania naszych potrzeb. Jedna jest fizyczna. Na przykład, kiedy jesteśmy chorzy, możemy iść do lekarza i poddać się leczeniu. Ale przychodzi czas, kiedy wszelka ludzka pomoc jest bezsilna. Wówczas uciekamy się do drugiej metody, zwracamy się do Mocy Duchowej, Stwórcy naszego ciała, umysłu i duszy. Pomoc fizyczna jest ograniczona i kiedy zawodzi, zwracamy się do nieograniczonej Mocy Boskiej. Podobnie jest z naszymi potrzebami finansowymi; kiedy uczyniliśmy wszystko, co możliwe, a pieniędzy nadal brakuje, zwracamy się do tej drugiej Mocy...

Musimy się starać nie tylko o zabezpieczenie finansowe i dobre zdrowie, lecz także poszukiwać sensu życia. O co w nim chodzi? Kiedy natrafiamy na trudności, to najpierw działamy w naszym otoczeniu, poprawiając fizycznie to, co w naszym przekonaniu pomoże w naszej sytuacji. Kiedy jednak dochodzimy do punktu, gdy mówimy sobie: „Wszystko, czego dotychczas próbowałem, zawiodło. Co robić dalej?", zaczynamy poważnie zastanawiać się nad rozwiązaniem. Jeśli zastanawiamy się dostatecznie głęboko, znajdujemy odpowiedź w sobie. Jest to jedna z postaci wysłuchanej modlitwy.

—◊—

Gdy chroniczne choroby i cierpienia nie poddają się leczeniu przez człowieka; gdy ograniczone metody ludzkie zawodzą i nie da się przy ich pomocy uleczyć z chorób fizycznych czy umysłowych, musimy prosić o pomoc Boga – Tego, którego moc jest nieograniczona.

—◊—

Przegnaj myśl, że Pan wraz ze swoją cudowną mocą znajduje się gdzieś daleko w niebie, a ty jesteś bezsilnym robaczkiem, pogrążonym w kłopotach tu na ziemi. Pamiętaj, że za twoją wolą stoi wielka Wola Boska; jednak ta oceaniczna Moc nie może ci przyjść z pomocą, jeśli nie potrafisz jej przyjąć.

—◊—

BÓG ODPOWIE NA TWOJE WYRAŻONE Z MIŁOŚCIĄ ŻĄDANIA

Bóg nie jest niemą, nieczułą Istotą. Jest On samą miłością. Jeśli wiesz, jak medytować, aby nawiązać z Nim kontakt, to odpowie On na twoje wyrażone z miłością żądania. Nie musisz błagać; możesz domagać się jako Jego dziecko.

—※—

Wolę słowo „żądanie" od słowa „modlitwa", ponieważ to pierwsze nie wiąże się z prymitywną i średniowieczną koncepcją królewskiego tyrana – Boga, którego musimy błagać niczym żebracy, i któremu musimy schlebiać.

—※—

Modlitwa jest żądaniem duszy. Bóg nie stworzył nas żebrakami. Stworzył nas na swoje podobieństwo. Głoszą to Biblia i święte pisma hinduskie. Żebrak, który udaje się do domu bogacza i błaga o jałmużnę, otrzymuje żebraczy datek; natomiast syn może mieć wszystko, o co poprosi bogatego ojca. Dlatego nie powinniśmy się zachowywać jak żebracy. Boscy posłannicy, tacy jak Chrystus, Kryszna i Budda, nie kłamali mówiąc, że jesteśmy stworzeni na podobieństwo Boga. A jednak widzimy, że niektórzy ludzie mają wszystko, pozornie są w czepku urodzeni, podczas gdy inni przyciągają jakby same niepowodzenia i kłopoty. Gdzież jest w nich podobieństwo do Boga? Moc Ducha drzemie w każdym z nas. Pytanie, jak ją rozwinąć.

ZAMIEŃ SWÓJ STATUS ŻEBRAKA
NA STATUS DZIECKA BOGA

Sekret skutecznej modlitwy polega na zmianie swojego statusu żebraka na status dziecka Boga. Gdy będziesz się do Niego zwracał z tą świadomością, twoja modlitwa będzie potężna i mądra.

—〰—

W Ewangelii według świętego Jana 1:12 napisane jest: „Tym zaś, którzy go przyjęli, dał prawo stać się dziećmi Bożymi; tym, którzy wierzą w imię jego". Filiżanka nie może pomieścić w sobie, przyjąć oceanu, chyba że się ją powiększy do rozmiarów oceanu. Tak właśnie musi zostać powiększona filiżanka ludzkiej koncentracji i ludzkich zdolności, aby człowiek mógł pojąć Boga. *Przyjmowanie* to zdolność nabyta dzięki samorozwojowi; różni się od samej tylko wiary.

—〰—

Wszyscy ci, którzy wiedzą, jak Go przyjąć, mogą urzeczywistnić uśpioną w sobie boskość, rozwijając zdolności umysłu. Jako dzieci Boga mamy potencjalną władzę nad wszystkimi rzeczami w Jego wszechświecie, taką samą jak On.

—◠◠—

SKORO JESTEŚMY DZIEĆMI BOGA, TO DLACZEGO DOZNAJEMY NIESZCZĘŚĆ I CIERPIENIA?

Dlaczego jest tak, że wiele naszych pragnień się nie spełnia i że wiele dzieci Boga okrutnie cierpi? Bóg, ze swej istoty bezstronny, nie mógł stworzyć jednego swego dziecka lepszym od drugiego. Początkowo stworzył wszystkie dusze równe i na swój obraz. Otrzymały one również największe boże dary: swobodę wolnej woli oraz zdolność rozumowania i rozumnego działania.

Kiedyś w przeszłości złamały one rozmaite boskie prawa i w konsekwencji doprowadziły do wynikających z tego skutków.

Człowiek nadużył danej mu od Boga niezależności i tym samym sprowadził na siebie niewiedzę, cierpienie fizyczne, przedwczesną śmierć i inne rodzaje zła. Zbiera to, co zasiał. Prawo przyczyny i skutku (karmy) stosuje się do wszystkich żywotów.

—ₘ—

Bóg, choć wszechmocny, nie działa niezgodnie z prawem ani w sposób dowolny tylko dlatego, że ktoś się modli. Dał człowiekowi niezależność, a ten robi z nią, co mu się podoba. Przebaczenie człowiekowi błędów jedynie po to, aby mógł on kontynuować swoje niewłaściwe zachowanie bez ponoszenia konsekwencji, oznaczałoby, że Bóg przeczy sam Sobie – nie przestrzega prawa przyczyny i skutku stosującego się do działania – i zawiaduje ludzkim życiem nie według stworzonych przez Siebie praw, lecz wedle kaprysu. Nie można Boga nakłonić pochlebstwem czy pochwałą, aby zmienił bieg swoich niezmiennych praw. Czy musimy zatem żyć bez interwencji łaski i miłosierdzia bożego, pozostając bezradnymi ofiarami ludzkich słabości? Czy koniecznie musimy stawiać czoła skutkom naszych czynów, jakby były z góry przesądzone – czyli tak zwanemu losowi?

Nie! Pan jest zarazem prawem *i* miłością. Wielbiciel, który z czystym oddaniem i wiarą poszukuje bezwarunkowej miłości bożej i którego czyny *również* pozostają w harmonii z boskim prawem, z pewnością odczuje oczyszczający, łagodzący dotyk Boga.

—⁓—

Boska Moc pragnie ci pomóc z własnej woli. Nie musisz o nic Boga błagać. Musisz natomiast używać własnej woli, aby domagać się jako Jego dziecko i aby zachowywać się tak jak Jego dziecko.

—✠—

[Prawdziwi wielbiciele] wiedzą, że nawet jeśli nie udało im się porzucić złych nawyków, mogą przybliżyć Boga do siebie dzięki ciągłemu przyzywaniu Go i oczekiwaniu, że zawsze będzie obecny – aby brać udział w ich codziennym życiu i odpowiadać w chwilach modlitwy. Wiedzą, że dla Boga wszystko jest możliwe i że największe zrozumienie przychodzi spoza naszego rozumu. Jeśli wielbiciel uparcie żąda pomocy i obecności Boga, z miłością Go sobie wyobrażając i wierząc w Jego wszechobecność, to wówczas Pan objawi się w jakiejś postaci. Wraz z nastaniem światła Jego objawienia automatycznie zniknie ciemność złych nawyków, ukazując niepokalaną duszę.

—✠—

NIE UTOŻSAMIAJ SWOJEJ
NIEŚMIERTELNOŚCI
Z LUDZKIMI NAWYKAMI

Jeśli jesteś głęboko oddany Bogu, możesz Go prosić o wszystko. Codziennie stawiam Mu nowe pytania, a On mi odpowiada. Nigdy nie czuje się urażony żadnymi szczerymi zapytaniami, jakie Mu stawiamy. Ja nawet czynię Mu wyrzuty z powodu stworzenia tego wszechświata: „Kto będzie dźwigał karmę za całe zło w tym przedstawieniu? Ty, Stwórca, jesteś wolny od karmy. Dlaczego więc poddajesz nas tej niedoli?". Myślę, że czuje się On bardzo smutny z naszego powodu. Jego pragnieniem jest przyjąć nas z powrotem, lecz nie może tego uczynić bez naszej współpracy i wysiłku z naszej strony.

—〜〜—

To, co sami uczyniliśmy, możemy sami cofnąć.

—〜〜—

Czego się boisz? Jesteś istotą nieśmiertelną. Nie jesteś ani mężczyzną, ani kobietą, jak zapewne uważasz, lecz duszą, radosną, wieczną. Nie utożsamiaj swojej nieśmiertelności z ludzkimi nawykami... Nawet pośród trudnych prób, mów: „Moja dusza [jest] zmartwychwstała. Mam moc pokonania wszelkich trudności, ponieważ jestem dzieckiem Boga".

—w—

Nie pozwól nikomu nazywać cię grzesznikiem. Bóg uczynił cię na swoje podobieństwo. Zaprzeczanie temu podobieństwu to największy grzech przeciwko sobie samemu... Ciemność może panować w jaskini przez tysiące lat, ale wnieś do niej światło, a zniknie, jakby jej nigdy nie było. Podobnie, bez względu na to, jakie masz wady, znikną one, kiedy wniesiesz światło zalet.

—w—

Kiedy moje zgryzoty stają się bardzo wielkie, najpierw szukam zrozumienia w sobie. Nie winię okoliczności ani nie próbuję nikogo poprawiać.

Najpierw zagłębiam się w sobie. Staram się oczyścić fortecę mej duszy i usunąć wszystko, co utrudnia duszy wszechmocne, wszechmądre wyrażanie się. To jest sposób na udane życie.

—〰—

Otul się myślami o Bogu. Jego święte Imię to Moc nad moce. Jak tarcza odbija wszelkie negatywne wibracje.

—〰—

NASZ ZWIĄZEK Z BOGIEM NIE JEST ZIMNY ANI BEZOSOBOWY

Nasz związek z Bogiem nie jest zimny ani bezosobowy, podobny do tego, który łączy pracodawcę i pracownika. Jesteśmy Jego dziećmi. *Musi* nas wysłuchać! W żaden sposób nie da się uciec od faktu, że jesteśmy Jego dziećmi. Jesteśmy nie tylko stworzonymi przez Niego istotami; jesteśmy Jego częścią. Uczynił nas książętami, ale my postanowiliśmy zostać niewolnikami. Bóg chce, abyśmy ponownie stali się książętami, abyśmy wrócili do naszego Królestwa. Nikt jednak, kto wyrzekł się swojego boskiego dziedzictwa, nie odzyska go bez wysiłku. Jesteśmy stworzeni na Jego obraz, ale jakoś zapomnieliśmy o tej prawdzie. Ulegliśmy złudzeniu, że jesteśmy istotami śmiertelnymi i że musimy przeciąć tę zasłonę ułudy mieczem mądrości.

—∿—

Różne religie świata opierają się w większym lub mniejszym stopniu na *wierzeniach* człowieka. Lecz prawdziwą podstawą religii powinna być nauka, która umożliwia wszystkim wierzącym dotarcie do naszego jedynego Ojca – Boga. Tą nauką jest joga.

—〜—

Zeszliśmy na ziemię od Boga i musimy na nowo wznieść się do Niego. Pozornie oddzieliliśmy się od naszego Ojca i musimy świadomie znowu się z Nim połączyć. Joga uczy nas, jak wznieść się ponad iluzję oddzielenia i urzeczywistnić naszą jedność z Bogiem. Poeta Milton pisał o duszy człowieka i o tym, jak mogłaby ona odzyskać raj. To właśnie jest zamysłem i celem jogi – odzyskanie utraconego raju świadomości duszy, dzięki której człowiek wie, że jest, i zawsze był, w jedności z Duchem.

—〜—

Jeśli będziesz żył [w harmonii] z Bogiem, zostaniesz uleczony z iluzji życia i śmierci, zdrowia i choroby. Bądź w Panu. Czuj Jego miłość. Nie lękaj się niczego. Jedynie w zamku Boga możemy znaleźć schronienie. Nie ma bezpieczniejszej oazy radości, jak tylko w Jego obecności. Kiedy jesteś z Nim, nic nie może cię zranić.

—◊—

Przebywaj w zamku Jego obecności... Wszędzie noś w sobie niebo.

—◊—

ISTNIEJE WŁAŚCIWY SPOSÓB MODLENIA SIĘ

W przeszłości czułeś się zapewne rozczarowany, że twoje modlitwy pozostawały bez odpowiedzi. Lecz nie trać wiary. Aby stwierdzić, czy twoje modlitwy działają, musisz mieć w umyśle zaczątek wiary w moc modlitwy.

Twoje modlitwy mogły pozostawać bez odpowiedzi, bo postanowiłeś być żebrakiem. Powinieneś także wiedzieć, o co możesz zgodnie z prawem, prosić swego Niebieskiego Ojca. Możesz modlić się z całego serca i mocy o posiadanie Ziemi, lecz twoja modlitwa nie zostanie wysłuchana, ponieważ wszelkie modlitwy dotyczące życia materialnego są ograniczone. Muszą być. Bóg nie złamie Swoich praw, aby spełnić kapryśne pragnienia. Istnieje jednak właściwy sposób modlenia się.

—⁓—

Musimy domagać się z miłością jako synowie boży, a nie jako żebracy. Każda modlitwa błagalna, bez względu na to jak szczera, ogranicza duszę. Jako synowie boży musimy wierzyć, że *mamy* wszystko, co ma Ojciec. To nasze przyrodzone prawo. Jezus urzeczywistnił prawdę „Ja i Ojciec jedno jesteśmy". Dlatego miał władzę nad wszystkim, taką samą jak jego Ojciec. Większość z nas błaga i modli się, nie utwierdziwszy się najpierw, we własnym umyśle, że ma prawo do boskiego dziedzictwa. Dlatego jesteśmy ograniczeni prawem żebractwa. Nie musimy żebrać, lecz *wystąpić o zwrot* i *domagać się* od naszego Ojca tego, co zgodnie z naszą wyobraźnią, postrzegamy jako utracone.

Na tym etapie staje się konieczne zniszczenie istniejącej od wieków błędnej myśli – że jesteśmy słabymi istotami ludzkimi.

—m—

POZNAJ SIEBIE JAKO DUSZĘ,
DZIECKO BOŻE

Dzięki głębokiej medytacji poznasz siebie jako duszę, dziecko Boga, stworzone na Jego podobieństwo.

—⟋⟍—

Tkwiłeś w stanie halucynacji, wierząc, że jesteś bezradnym śmiertelnikiem... Powinieneś codziennie siadać w ciszy i afirmować z głębokim przekonaniem: „Nie znam strachu śmierci, różnic urodzenia, nie mam ojca, matki i nie mam narodzin. Świętym Duchem jestem, jam Nim, jam Nim. Jam Nieskończona Szczęśliwość". Jeśli będziesz często powtarzał te myśli, ostatecznie urzeczywistnisz to, czym naprawdę jesteś: nieśmiertelną duszą.

—⟋⟍—

AFIRMUJ TO, CZYM JESTEŚ

Nie zachowuj się jak służalczy śmiertelnik. Jesteś dzieckiem Boga!

—∞—

Afirmuj, że jesteś dzieckiem Boga i rozważaj słowa Jezusa: „Ja i Ojciec jedno jesteśmy".

—∞—

Nasze wewnętrzne utwierdzenie się w tożsamości duchowej wystarcza, aby działało prawo spełniania modlitw. Z prawa tego korzystali święci wszystkich krajów. Jezus, z głębi własnego doświadczenia, potrafił dać nam takie wspaniałe zapewnienie: „Jeślibyście mieli wiarę i nie wątpili, [...] gdybyście i tej górze rzekli: Wznieś się i rzuć się do morza, stanie się tak. I wszystko, o cokolwiek byście prosili w modlitwie z wiarą, otrzymacie".

—∞—

„WIERZĘ W BOGA; DLACZEGO MI NIE POMAGA?"

Wierzenia a wiara w Boga to dwie różne rzeczy. Wierzenia są bezwartościowe, jeśli się ich nie testuje i nie żyje zgodnie z nimi. Wierzenie przetworzone w doświadczenie staje się wiarą. Dlatego prorok Malachiasz powiedział: „[...] Wystawcie mnie na próbę – mówi Pan Zastępów – czy wam nie otworzę okien niebieskich i nie wyleję na was zwycięstwa ponad miarę" (Malachiasz 3:10).

—◊—

Wiara, czyli intuicyjne doświadczenie całej prawdy, obecna jest w duszy. Rodzi ludzką nadzieję i pragnienie osiągnięć... Zwykli ludzie praktycznie nie wiedzą nic o tej intuicyjnej wierze, ukrytej w duszy, która jest tajemnym źródłem wszystkich naszych najbardziej szalonych nadziei.

—◊—

Wiara oznacza wiedzę i przekonanie, że jesteśmy stworzeni na podobieństwo Boga. Kiedy jesteśmy dostrojeni do Jego świadomości w nas, możemy stwarzać światy. Pamiętaj, w twojej woli leży wszechmocna potęga Boga. Kiedy wali się na ciebie masa kłopotów, a ty mimo tego się nie poddajesz; kiedy jesteś zdecydowany dopiąć swego, wtedy przekonasz się, że Bóg ci odpowiada.

—⁂—

Wiarę powinno się pielęgnować, a raczej odkrywać w sobie. Jest tam, lecz trzeba ją wydobyć. Jeśli przyjrzysz się swemu życiu, dostrzeżesz niezliczone sposoby, na które działa w nim Bóg; tak oto twoja wiara się umocni. Niewielu szuka Jego ukrytej ręki. Większość uważa bieg wydarzeń za naturalny i nieuchronny. Niewiele wiedzą o tym, jak radykalne zmiany możliwe są dzięki modlitwie!

—⁂—

WIARA ZAPEWNIA ODPOWIEDŹ BOGA

Bóg naprawdę odpowiada, jeśli modlisz się do Niego głęboko, z wiarą i determinacją. Czasami odpowiada, zasiewając myśl w umyśle innego człowieka, który może spełnić twoje pragnienie czy zaspokoić potrzebę. Człowiek ten służy wtedy za boże narzędzie do uzyskania pożądanego rezultatu. Nie zdajesz sobie sprawy, jak cudownie działa ta wielka moc. Z matematyczną precyzją. Nie ma tu miejsca na żadne „jeśli". I to jest właśnie biblijne znaczenie wiary: ona daje świadectwo istnienia rzeczy niewidzialnych.

—⟋⟍—

STARAJ SIĘ DOŚWIADCZAĆ SWOICH DUCHOWYCH PRZEKONAŃ

Praktykowanie religii osiągnęło punkt, w którym tylko nieliczni starają się uczynić swoje duchowe koncepcje przedmiotem doświadczenia... Większość zadowala się tym, co przeczytali o Prawdzie, nigdy jej nie doświadczywszy.

—ww—

Dzięki własnym przeżyciom duchowym, zacznie się przed tobą otwierać inny świat. Nie żyj w fałszywym poczuciu bezpieczeństwa, wierząc, że skoro jesteś członkiem jakiegoś kościoła, to zostaniesz zbawiony. Ty sam musisz się starać poznać Boga. Twój umysł może zadowalać się tym, że jesteś bardzo religijny, ale dopóki twojej świadomości nie usatysfakcjonują bezpośrednie odpowiedzi na modlitwy, nie zbawi cię żadna formalna religia. Jaka jest korzyść z modlenia się do Boga, jeśli On nie odpowiada? Choć trudno jest uzyskać Jego

odpowiedź, jest to możliwe. Aby ostatecznie zapew-
nić sobie pobyt w niebie, musisz sprawdzać moc
swoich modlitw dotąd, aż sprawisz, że staną się
skuteczne.

—⁓—

SPRAWDZAJ MOC SWOICH MODLITW

Niektórzy mogą zaprotestować, mówiąc: „Wiem, że moje modlitwy zostają wysłuchane, bo słyszę, jak Bóg mówi do mnie. Mam dowody, że odpowiada na moje modlitwy". Lecz rzecz w tym, czy jesteś pewny, że twoje modlitwy rzeczywiście dotarły do Boga i że On świadomie na nie odpowiedział? Jaki masz dowód? Przypuśćmy, że modliłeś się o uzdrowienie i wyzdrowiałeś. Skąd wiesz, czy wyzdrowiałeś z przyczyn naturalnych, czy dlatego, że brałeś leki, czy też, że to modlitwy, twoje własne bądź innych osób, sprowadziły bożą pomoc? Niekiedy nie ma związku przyczynowego między modlitwą a uleczeniem. Mogłeś wyzdrowieć, nawet jeśli się nie modliłeś. To jest powód, dla którego powinieneś się dowiedzieć, czy potrafisz zastosować w sposób naukowy prawo przyczyny i skutku w modlitwie. Mędrcy indyjscy odkryli, że Bóg odpowiada zgodnie z prawem. Ci, którzy doświadczyli takiej odpowiedzi, twierdzą, że wszyscy stosujący się do prawa, mogą sami się o tym przekonać.

Gdyby naukowcy zebrali się i tylko modlili o wynalazki, to czy by ich dokonali? Nie. Muszą zastosować prawa boże. Jakże więc kościół czy świątynia mogą przyprowadzić Boga do ciebie jedynie mechanicznie odmawianą modlitwą albo obrzędem?

Boga nie da się „przekupić", aby zmienił dowolnie swoje prawo, tylko darami, pokutą lub specjalnymi obrzędami; ani też nie odpowiada On na mechanicznie odmawianą modlitwę lub dlatego, że sobie kogoś upodobał. Można Go wzruszyć jedynie naszą współpracą z prawem oraz miłością: miłość *jest* prawem. Skoro człowiek zamknął na jakiś nieokreślony czas okna swego życia, nie dopuszczając bożych promieni zdrowia, mocy i mądrości, to on sam musi je ponownie otworzyć i wpuścić dawane za darmo i oczekujące wpuszczenia, uzdrawiające światło Pana.

Musimy myśleć, medytować, afirmować, wierzyć i codziennie uświadamiać sobie, że jesteśmy synami bożymi – i zachowywać się odpowiednio do tego! Uzyskanie tej świadomości wymaga czasu, musimy jednak zacząć od właściwej metody zamiast ryzykować nienaukową modlitewną żebraninę i w konsekwencji narażać się na niewiarę, zwątpienie lub zabobonne sztuczki magiczne. Wtedy dopiero, gdy śpiące ego będzie postrzegać siebie nie jako ciało, lecz jako wolną duszę albo Syna Bożego, zamieszkującego w ciele i poprzez nie działającego, będzie mogło ono słusznie i legalnie domagać się swoich boskich praw.

II

SKUPIENIE WEWNĘTRZNE: WSTĘP DO PRAWDZIWEJ MODLITWY

PAMIĘTAJ O PANU
MIESZKAJĄCYM W TOBIE

Rozwijaj świadomość, że Bóg jest z tobą.

—◊—

Pan wydaje się być daleko tylko dlatego, że twoja uwaga kieruje się na zewnątrz ku Jego stworzeniu, a nie do wewnątrz, do Niego. Ilekroć twój umysł błąka się w labiryncie niezliczonych ziemskich myśli, cierpliwie sprowadzaj go z powrotem w głąb siebie, by przypominał sobie o mieszkającym w tobie Panu. Z czasem odkryjesz, że On zawsze jest z tobą – Bóg, który rozmawia z tobą w swoim własnym języku, Bóg, którego twarz wygląda na ciebie z każdego kwiatu, krzewu i źdźbła trawy. Wtedy powiesz: „Jestem wolny! Odziany jestem w welon Ducha. Wzlatuję z ziemi do nieba na skrzydłach ze światła". I jakaż radość ogarnie twoje jestestwo!

—◊—

„GDY SIĘ MODLISZ, WEJDŹ DO KOMORY SWOJEJ"

W sanskrycie słowo „wiara" jest cudownie pełne ekspresji. Jest to *visvas*. Potoczne, dosłowne tłumaczenie: „oddychać lekko"; „mieć ufność"; „być wolnym od strachu", nie oddaje jego pełnego znaczenia. Sanskryckie *svas* oznacza ruch oddechu, tym samym implikując życie i czucie. *Vi* ma znaczenie: „przeciwny"; „bez". To znaczy, że ten, kogo oddech, życie i czucie są wyciszone, ma wiarę uzyskaną intuicyjnie; takiej wiary nie mogą mieć osoby niespokojne emocjonalnie. Pielęgnowanie intuicyjnego spokoju wymaga rozwijania życia wewnętrznego. Intuicja, gdy jest dostatecznie rozwinięta, umożliwia bezpośrednie zrozumienie prawdy. Możesz uzyskać to cudowne poznanie. Środkiem do tego jest medytacja.

Medytuj cierpliwie i wytrwale. W narastającym spokoju wejdziesz w sferę intuicji duszy. W ciągu wieków oświecenie osiągnęły te istoty, które miały dostęp do owego wewnętrznego świata obcowania z Bogiem. Jezus powiedział: „[...] Gdy się modlisz, wejdź do komory swojej, a zamknąwszy drzwi za sobą, módl się do Ojca swego, który jest w ukryciu, a Ojciec twój, który widzi w ukryciu, odpłaci tobie". Wejdź w Siebie, zamykając drzwi zmysłów i ich połączenia z niespokojnym światem, a Bóg ci ujawni wszystkie Swoje cuda.

—ɯ—

JAK ŚWIĘCI DOSZLI DO ODNALEZIENIA BOGA?

Jak poszukujący doszli do odnalezienia Boga? Na początek zamykali oczy, by odgrodzić się od bezpośredniego kontaktu ze światem i materią, i w ten sposób lepiej się skoncentrować na odkrywaniu skrytej za nimi Inteligencji. Uzasadniali to tym, że nie mogą ujrzeć Bożej obecności w przyrodzie, na drodze zwykłego postrzegania pięcioma zmysłami. Starali się więc odczuć Boga w sobie, wchodząc w coraz głębsze stany koncentracji. Ostatecznie odkryli, jak wyłączyć pięć zmysłów, tym samym na jakiś czas usuwając całkowicie świadomość materii. Zaczął się otwierać wewnętrzny świat Ducha. W końcu Bóg objawił się tym wielkim mędrcom starożytnych Indii, niezachwianie kontynuującym swe wewnętrzne badania. I tak, święci ci zaczęli stopniowo przekształcać swoje koncepcje Boga na postrzeganie Go. To właśnie musisz zrobić i ty, jeśli chcesz Go poznać.

—〰—

W TWOIM MILCZENIU USTAJE
MILCZENIE BOGA

Wrażenia przekazywane przez nerwy czuciowe stale wypełniają umysł mnóstwem zgiełkliwych myśli, tak że cała uwaga zwrócona jest ku zmysłom. Tymczasem głosem Boga jest cisza. Dopiero gdy myśli ustaną, można usłyszeć głos Boga komunikujący się z tobą poprzez ciszę intuicji. To jest Jego sposób wyrażania się. W twoim milczeniu ustaje milczenie Boga. Przemawia On do ciebie za pośrednictwem intuicji. Wielbicielowi, który duchowo jednoczy się świadomością z Bogiem, niepotrzebna jest Jego słyszalna odpowiedź – głos Boga stanowią intuicyjne myśli i prawdziwe wizje. Nie są one skutkiem bodźców zmysłowych, lecz połączeniem milczenia wielbiciela i głosu ciszy Boga.

Bóg jest z nami cały czas, mówiąc do nas, lecz Jego głos ciszy zagłuszany jest zgiełkiem naszych myśli: „Zaprawdę, zawsze mnie kochałeś, ale ja Cię nie słyszałem". Zawsze był i jest blisko; to my oddalaliśmy się od Jego świadomości.

Pomimo naszej obojętności i pogoni za przyjemnościami zmysłowymi, Bóg nas kocha i zawsze będzie kochał. Żeby to wiedzieć, musimy wycofać myśli z doznań zmysłowych i wyciszyć się wewnętrznie. Uciszenie myśli oznacza dostrojenie ich do Boga. Tu właśnie zaczyna się prawdziwa modlitwa.

—〰—

GDY SIĘ MODLISZ, NIE MYŚL
O NICZYM INNYM JAK TYLKO
O DUCHU

Kiedy się modlimy, powinniśmy ze wszystkich sił starać się skupić całą uwagę na Bogu, zamiast powtarzać: Boże, Boże, Boże, i pozwalać umysłowi na zajmowanie się czymś innym. Jedna z moich ciotek miała zwyczaj modlić się przy pomocy [hinduskiego] różańca. Prawie zawsze widziano ją, jak pracowicie przesuwa palcami paciorki. Ale pewnego dnia zwróciła się do mnie, wyznając, że chociaż robi to od czterdziestu lat, Bóg nigdy nie odpowiedział na jej modlitwy. Nic dziwnego! Jej „modlitwy" rzadko były czymś więcej niż tylko fizycznym nawykiem nerwowym. Kiedy się modlisz, nie myśl o niczym innym jak tylko o Duchu.

Mechaniczne powtarzanie żądań czy afirmacji, jeśli nie towarzyszy im [prawdziwe] oddanie czy spontaniczna miłość, czyni z modlącego się tylko „modlący się gramofon", który nie wie, co oznacza jego modlitwa. Bezwiedne klepanie modlitw, gdy tymczasem myśli się o czymś innym, nie sprawi, że

Bóg odpowie. Mechaniczne powtarzanie, wzywanie imienia Bożego nadaremnie, jest bezowocne. Powtarzanie żądania czy modlitwy raz po raz, na głos czy w myślach, z coraz większą uwagą i oddaniem, uduchawia modlitwę i zmienia świadome, pełne wiary powtarzanie w doświadczenie nadświadome.

—ɯ—

JAKA MODLITWA NAJSZYBCIEJ PRZYCIĄGNIE BOSKIEGO UMIŁOWANEGO?

Daj Bogu klejnoty modlitwy ukryte głęboko w kopalni twego serca.

—ɯ—

Podczas spotkania z ukochaną nie powinno się polegać na podręczniku o miłości, lecz powinno się używać spontanicznego języka serca. Jeśli w żądaniach kierowanych do Boga używa się języka miłości innej osoby, to trzeba sobie przyswoić jej słowa poprzez dokładne ich zrozumienie i zastanowienie się nad ich znaczeniem, oraz poprzez wypowiadanie ich w najgłębszym skupieniu i z miłością; podobnie jak nie ma nic niewłaściwego w tym, że człowiek zakochany zwraca się do swojej ukochanej słowami wielkiego poety i ożywia te słowa własną miłością i uczuciem.

—ɯ—

KOCHAJ BOGA CAŁYM SERCEM...

Najważniejsze przykazanie dane człowiekowi mówi, aby kochał Boga całym sercem i całą duszą, całym umysłem i z całych sił. I następne, aby kochał bliźniego swego jak siebie samego. Jeśli będziesz je wypełniał, wszystko przyjdzie w swoim czasie i we właściwy sposób. Nie wystarczy jedynie ściśle przestrzegać praw moralnych – kamienie i kozy nie łamią praw moralnych, a mimo to nie znają Boga. Jeśli jednak kochasz Boga wystarczająco głęboko, to nawet jeśli jesteś największym grzesznikiem, zostaniesz przemieniony i odkupiony. Wielka święta Mirabai napisała: „Aby znaleźć Boga, jedyną niezbędną rzeczą jest miłość". Ta prawda głęboko mnie poruszyła.

Wszyscy prorocy przestrzegają tych dwóch głównych przykazań. Kochać Boga całym sercem oznacza kochać Go miłością, jaką darzy się najukochańszą osobę – miłością matki lub ojca do dziecka albo kochanka do umiłowanej. Taką samą bezwarunkową miłością obdarz Boga. Kochanie Boga całą duszą oznacza, że można Go prawdziwie kochać, gdyż dzięki głębokiej medytacji znasz siebie jako

duszę, dziecko Boga uczynione na Jego podobieństwo. Kochanie Boga całym umysłem oznacza, że
kiedy się modlisz, cała twoja uwaga skupiona jest na
Nim, nie rozpraszana niespokojnymi myślami.
W medytacji myśl jedynie o Bogu, nie pozwalaj
umysłowi kierować się ku czemukolwiek poza Nim.
To właśnie dlatego bardzo ważna jest joga: umożliwia koncentrację. Kiedy dzięki praktyce jogi wyco-
fasz niespokojną siłę życiową z nerwów czuciowych
i skoncentrujesz się wyłącznie na myśli o Bogu,
wtedy kochasz Go z całej mocy – całe twoje jestestwo skupione jest w Nim.

—ᙏᙏ—

CO WTEDY, GDY NIE CZUJE SIĘ
MIŁOŚCI DO BOGA?

Siedzenie w ciszy i usiłowanie wzbudzania w sobie miłości często mogą nic ci nie dać. Dlatego nauczam naukowych technik medytacji. Praktykuj je, a wtedy zdołasz odłączyć umysł od rozpraszających uwagę przedmiotów zmysłów i od związanego z tym nieustannego przepływu myśli... Dzięki *krija-jodze*[1] świadomość funkcjonuje na wyższym poziomie; miłość do Nieskończonego Ducha spontanicznie pojawia się w sercu człowieka.

—ᄴ—

---

[1] Paramahansa Jogananda przekazuje tę zaawansowaną duchową naukę o wewnętrznym obcowaniu z Bogiem, zrodzoną tysiące lat temu w Indiach, w *Lekcjach Self-Realization Fellowship* (*przyp. wydawcy*).

POSTRZEGANIE BOGA ZACZYNA SIĘ TAM, GDZIE USTAJE RUCH

Naucz się utrzymywać ciało i umysł w bezruchu, bo tam, gdzie ustaje ruch, zaczyna się postrzeganie Boga.

—⚬—

Twój problem w medytacji polega na tym, że nie potrafisz w niej wytrwać wystarczająco długo, aby przyniosła efekty. Dlatego nie możesz poznać mocy skupionego umysłu. Jeśli dasz mętnej wodzie dość czasu, by się ustała, męty opadną na dno i stanie się przejrzysta. Podobnie w medytacji, gdy męty niespokojnych myśli opadną, moc Boża zacznie się odbijać w czystych wodach świadomości.

—⚬—

Na zmarszczonej powierzchni wody nie można wyraźnie zobaczyć odbicia księżyca, ale gdy woda jest spokojna, pojawia się doskonałe jego odbicie. Tak samo jest z umysłem: kiedy jest spokojny, widać

wyraźne odbicie podobnego księżycowi oblicza duszy. Jako dusze jesteśmy odbiciami Boga. Gdy tech-
nikami medytacyjnymi usuniemy niespokojne myśli z jeziora umysłu, ujrzymy naszą duszę, doskonałe
odbicie Ducha, i uświadomimy sobie, że dusza
i Bóg są Jednym.

—ɷ—

POZNAJ NAUKOWY MECHANIZM WYSYŁANIA BOGU SWOICH MODLITW I OTRZYMYWANIA ODPOWIEDZI

Podobnie jak przez popsuty nadajnik nie można nadać wiadomości, tak i niespokojny umysł nie zdoła wysyłać modlitw do Boga.

—m—

Umiejętnie stosując techniki medytacji, napraw nadajnik swojego umysłu. Gdy czujesz się spokojny, nadajnik twojego umysłu działa: to pora na to, byś z miłością nadał swoje najważniejsze żądanie: „Ojcze, spraw, abym ponownie uświadomił sobie, że Ty i ja Jedno jesteśmy". Głośno, potem szeptem i na końcu w myślach, afirmuj: „Ojcze, Ty i ja Jedno jesteśmy".

—m—

Nie poddawaj się po jednej czy dwóch próbach, jeśli Bóg wydaje się nie odpowiadać. Nie możesz otrzymać odpowiedzi, kiedy tylko wzywasz kogoś przez nadajnik, a potem uciekasz. Zatem, nie poprzestawaj na wysłaniu jednej czy dwóch mentalnych wiadomości; świadomie i z żarliwością dalej rozmawiaj w myślach z Bogiem, z coraz większą tęsknotą w sercu.

—⚡︎—

Módl się inteligentnie, z całą żarliwością duszy – nie na głos, lecz w myślach – nie okazując nikomu, co się w tobie dzieje. Módl się z największym oddaniem, wiedząc, że Bóg słucha każdego słowa płynącego z twego serca.

—⚡︎—

Jeśli mimo ponawianych prób, nadal nie ujrzysz Boga ani nie usłyszysz Jego pukania do bram twego serca, nie zniechęcaj się. Od dłuższego czasu uciekałeś od Niego, kryjąc się w grzęzawisku zmysłów. Kakofonia kipiących w tobie namiętności i odgłos twoich pierzchających, ciężkich kroków w świecie materii sprawiły, że nie możesz usłyszeć w sobie Jego głosu. Zatrzymaj się. Uspokój. Módl się wytrwale, a z ciszy wyłoni się Boża Obecność.

—◠◡◠—

Kiedy poczujesz nagły dreszcz radości rozchodzący się w twoim sercu i po całym ciele, i będzie się on potęgował nawet po medytacji, to będzie to pierwszy pewny dowód, że dzięki dostrojonym do miłości falom radiowym twojego serca, Bóg ci odpowiedział. Uwaga serca, ośrodka uczucia, i umysłu, ośrodka rozumu, musi być jednopunktowo skoncentrowana, aby twoja wiadomość, przesłana przez fale radiowe umysłu, mogła dotrzeć do Boga, i abyś otrzymał Jego odpowiedź.

Im dłużej i głębiej medytujesz i modlisz się, tym silniej odczujesz rozpierającą ci serce radość i tym bardziej będziesz jej świadomy. Wtedy poznasz bez wątpliwości, że Bóg istnieje i że jest On wiecznie istniejącą, wiecznie świadomą, wszechobecną, zawsze nową Radością. To jest czas, aby Go poprosić: „Ojcze, teraz, dzisiaj, przez wszystkie dni, w każdej chwili, we śnie, w stanie jawy, w życiu, w śmierci, na tym świecie i na tamtym, pozostań ze mną jako świadomy oddźwięk Radości mego serca".

Po modlitwie, poproś, jeśli chcesz, o uzdrowienie ciała, powodzenie albo jakąkolwiek doraźną pomoc, których potrzebujesz – zgodnie z tym, co ci dyktuje twoja mądrość rozróżniania.

—⫘—

Módl się, aż Bóg ci odpowie zrozumiałym głosem bezmiernej, rozsadzającej cię radości, przenikającej dreszczem każdą komórkę ciała i każdą myśl; lub poprzez prawdziwe wizje tego, co powinieneś uczynić. Módl się nieprzerwanie, aż będziesz absolutnie pewny kontaktu z Bogiem; wtedy domagaj się od Najwyższego, zaspokojenia swoich potrzeb fizycznych albo duchowych, co ci się należy z urodzenia.

III

WIEDZ, O CO SIĘ MODLIĆ

JAKA MODLITWA JEST NAJLEPSZA?

Powiedz do Pana: „Proszę, wyjaw mi swą wolę". Nie mów: „Chcę tego czy tamtego", lecz miej wiarę, że On wie, czego potrzebujesz. Przekonasz się, że dostaniesz coś o wiele lepszego, jeśli On wybierze dla ciebie.

—m—

Określ uczciwie, czy twoja modlitwa jest racjonalna. Nie proś Boga o rzeczy całkowicie niemożliwe do spełnienia w naturalnym porządku życia. Proś tylko o to, co rzeczywiście konieczne. I rozróżniaj między „koniecznymi koniecznościami" i „niekoniecznymi koniecznościami". [...] Wykorzeń pragnienia zbędnych rzeczy materialnych. Skoncentruj się tylko na rzeczywistych potrzebach. Twoją największą koniecznością jest Bóg. Da ci On nie tylko to, co konieczne, ale i to, co niekonieczne. Kiedy staniesz się z Nim jednym, zaspokoi On każde twoje pragnienie. Spełnią się twoje najśmielsze marzenia.

—⟋⟍—

Rzeczy potrzebne w życiu to te, które pomogą ci osiągnąć twój główny cel. Rzeczy, których *pragniesz*, lecz nie *potrzebujesz*, mogą cię oddalić od tego celu. Jedynie gdy postępuje się tak, by wszystko służyło głównemu celowi, osiąga się powodzenie. Zastanów się, czy realizacja celu, który wybrałeś, przyniesie ci powodzenie. Czym *jest* powodzenie? Jeśli masz zdrowie i bogactwo, lecz pozostajesz w konflikcie ze wszystkimi (włącznie z sobą), to twoje życie nie jest udane. Egzystencja staje się jałowa, jeśli nie potrafisz znaleźć szczęścia. Jeśli tracisz bogactwo, to tracisz niewiele; jeśli tracisz zdrowie, to tracisz coś znacznie ważniejszego; ale jeśli tracisz spokój umysłu, to tracisz najwyższy skarb.

—⟋⟍—

IM BARDZIEJ BĘDZIESZ SIĘ KONCENTROWAŁ NA RZECZACH ZEWNĘTRZNYCH, TYM MNIEJ BĘDZIESZ SZCZĘŚLIWY

Muł dźwigający na grzbiecie worek złota nie zna wartości ładunku. Podobnie, człowiek jest tak bardzo pochłonięty dźwiganiem ciężaru życia, mając nadzieję na trochę szczęścia na końcu drogi, że nie uświadamia sobie, iż nosi w sobie najwyższe i wieczne szczęście duszy. Jako że szuka szczęścia w „rzeczach", nie wie, że już posiada bogactwo szczęścia w sobie.

—◠◠—

BÓG NIE JEST CZYMŚ, NA CO MUSISZ SOBIE ZASŁUŻYĆ

Po pewnym czasie materialne wygody stają się ciężarem, już nie dają przyjemności, ponieważ stwierdzasz, że dbanie o nie to ciężka praca. Albowiem „płacisz" za wszystko, co otrzymujesz, z wyjątkiem boskiego stanu szczęścia. By go uzyskać, musisz tylko usiąść nieruchomo i poprosić Ojca Niebieskiego. Gdybym uważał, że muszę zasłużyć na Boga, to bym się nie wysilał; jako syn mam prawo Go poznać. Jeśli zażądasz swoich praw od Ojca, to On ci je da. Przychodzi On do tych wielbicieli, którzy nalegają. Tego właśnie pragnie.

—ᴎᴎ—

„ZASPOKAJAJ MOJE POTRZEBY WEDLE TWEJ WOLI"

Nie jest błędem mówić Panu, że czegoś chcemy. Ale okażemy więcej wiary, mówiąc po prostu: „Ojcze Niebieski, wiem, że naprawdę przewidujesz wszystkie moje potrzeby. Zaspokajaj je wedle Twej woli". Jeśli na przykład człowiek bardzo pragnie mieć samochód, i modli się o to dostatecznie mocno, to go otrzyma. Lecz posiadanie samochodu może nie być dla niego najlepszą rzeczą. Czasem Pan nie spełnia naszych drobnych modlitw, ponieważ zamierza nas obdarować czymś lepszym. Pokładaj większą ufność w Panu. Ufaj, że Ten, który cię stworzył, zaspokoi twoje potrzeby.

―Ⱳ―

Jest faktem, że niekiedy najżarliwsze modlitwy i najsilniejsze pragnienia są twoimi największymi wrogami. Rozmawiaj szczerze i uczciwie z Bogiem i niech On postanawia, co jest dla ciebie dobre. Jeśli Mu się poddasz, to cię poprowadzi i będzie działał razem z tobą. Nawet jeśli popełnisz błąd, nie bój się. Miej wiarę. Wiedz, że Bóg jest z tobą. Niech ta Moc kieruje tobą we wszystkim. Jest niezawodna.

—〰—

MÓDL SIĘ DO BOGA, ABY CIĘ PROWADZIŁ

Dobrą porą modlitwy o to, aby Bóg cię prowadził, jest czas po medytacji, gdy już poczułeś wewnętrzny spokój i radość, to znaczy gdy już ustanowiłeś połączenie z Bogiem. Jeśli uważasz, że czegoś potrzebujesz, możesz przedstawić tę potrzebę Bogu i zapytać, czy twoja modlitwa jest uzasadniona. Jeśli czujesz wewnętrznie, że potrzeba jest słuszna, to módl się: „Panie, wiesz, że tego potrzebuję. Będę rozsądny, będę twórczy, zrobię wszystko, co trzeba. Jedyne, o co Cię proszę, to abyś kierował moją wolę i zdolności twórcze ku temu, co naprawdę powinienem robić".

—◊—

SZUKAJ JEGO WSKAZÓWEK
W SOBIE

Zwróć się do Boga; módl się i wołaj Go, aż pokaże ci, jak działają Jego prawa, i poprowadzi cię. Pamiętaj, ważniejsze od miliona umysłowych rozważań jest to, abyś usiadł i medytował o Bogu dotąd, aż poczujesz wewnętrzny spokój. Wtedy powiedz do Pana: „Nie potrafię sam rozwiązać mojego problemu, nawet gdybym nie wiem jak długo myślał; ale zdołam go rozwiązać, oddając go w Twoje ręce, prosząc Cię najpierw, abyś mnie prowadził, a następnie rozważając go pod różnym kątem widzenia w poszukiwaniu możliwego rozwiązania". Bóg doprawdy pomaga tym, którzy pomagają sami sobie. Kiedy po modlitwie do Boga w medytacji umysł jest spokojny i pełen wiary, można dostrzec rozmaite rozwiązania problemów; i ponieważ jest spokojny, można wybrać najlepsze z nich. Zastosuj takie rozwiązanie, a sprawa zakończy się powodzeniem. Na tym polega zastosowanie naukowego podejścia do religii w codziennym życiu.

„SZUKAJCIE NAJPIERW KRÓLESTWA BOŻEGO [...], A WSZYSTKO INNE BĘDZIE WAM DODANE" (MT 6:33)

Większość ludzi rozumuje w ten sposób, że najpierw zdobędą majątek i zabezpieczenie finansowe, a potem będą mogli pomyśleć o Bogu. Lecz takie odkładanie na później wciąga jedynie w zaklęty krąg niekończącego się niezadowolenia. Najpierw trzeba odnaleźć Boga. Jest On największą potrzebą życiową, jest bowiem Źródłem trwałego szczęścia i poczucia bezpieczeństwa. Jeśli choć raz pojawi się w tobie świadomość Jego obecności, to poznasz, czym jest prawdziwe szczęście. Jeśli choć raz będziesz miał taki prawdziwy kontakt z Bogiem, to uświadomisz sobie, że kiedy go masz, wszechświat leży u twych stóp. Bóg jest twoim żywicielem; musi być z tobą zawsze.

—⁓—

Jeśli myślisz o Bogu w najgłębszej medytacji, jeśli kochasz Go całym sercem i w Jego obecności czujesz się całkowicie spokojny, nie pragnąc niczego ponadto, to magnetyczna siła Boga przyciągnie do ciebie wszystko, o czymkolwiek marzyłeś, i jeszcze o wiele więcej. W każdej sferze mojego życia demonstrowałem tę prawdę: Jeśli kochasz Boga dla Niego samego, a nie z powodu tego, co może ci dać; i jeśli całkowicie przyciąga cię Jego boska magnetyczna siła, to Jego moc wypłynie z twojego własnego serca i umysłu i na swoje najdrobniejsze życzenie, przyciągniesz do siebie spełnienie tego pragnienia. Jeśli masz bezwarunkową miłość do Boga, to zaszczepia On myśli w umysłach innych ludzi i stają się oni narzędziami do spełniania twoich nawet niewypowiedzianych pragnień.

—⟋⟍—

Każda wypowiadana przez ciebie modlitwa jest wyrazem pragnienia. Lecz gdy już odnalazłeś Boga, wszystkie pragnienia znikają i nie ma już potrzeby modlitwy. Ja się nie modlę. Może to zabrzmi dziwnie, ale kiedy Przedmiot twego pragnienia jest cały czas z tobą, już nie potrzebujesz się modlić. W spełnieniu się życzenia albo modlitwy do Niego jest radość wieczna.

Mówię wam zgodnie z prawdą, że uzyskałem odpowiedzi na wszystkie swoje pytania, nie za sprawą człowieka, lecz Boga. On *istnieje*. On *istnieje*. To Jego duch mówi przeze mnie do was. To o Jego miłości mówię. Coraz to nowy dreszcz uniesienia! Jak łagodny zefirek miłość Jego owiewa duszę. Dniem i nocą, tydzień po tygodniu, rok po roku, potężnieje – nie wiadomo, gdzie jest jej kres. I to jest właśnie to, czego szukacie, każdy z was. Myślicie, że pragniecie ludzkiej miłości i dobrobytu, lecz za nimi skrywa się wasz Ojciec i to On was przyzywa. Jeśli uświadomicie sobie, że jest On większy od wszystkich swych darów, odnajdziecie Go.

IV

MIEJ JASNĄ KONCEPCJĘ
BOGA

ZASTOSOWANIE WŁAŚCIWEJ
METODY PRZYNOSI WYNIKI
Z NAUKOWĄ PRECYZJĄ

To wiedza o tym, jak i kiedy się modlić, zgodnie z naturą naszych potrzeb, przynosi pożądane rezultaty. Zastosowanie właściwej metody uruchamia odpowiednie, ustalone przez Boga prawa; działanie tych praw przynosi rezultaty z naukową precyzją.

—◊—

Najpierw musisz mieć właściwą koncepcję Boga – sprecyzowaną ideę, dzięki której możesz stworzyć z Nim związek – a następnie musisz medytować i modlić się, aż ta umysłowa koncepcja zamieni się w rzeczywiste postrzeganie.

—◊—

CZYM JEST BÓG?

Bóg jest Wieczną Szczęśliwością. Jego istotą jest miłość, mądrość i radość. Jest zarówno nieosobowy, jak i osobowy, i przejawia się jakkolwiek zechce. Pojawia się swoim świętym w postaci, którą umiłowali: chrześcijanin widzi Chrystusa, hindus Krysznę bądź Boską Matkę i tak dalej. Wielbiciele, którzy czczą Boga bezosobowego, stają się świadomi Pana jako nieskończonej Światłości albo jako cudownego dźwięku *Aum*, pierwotnego Słowa, Ducha Świętego. Najwyższym przeżyciem, jakie może mieć człowiek, jest odczuwanie owej Szczęśliwości, w której wszystkie pozostałe aspekty Boskości – miłość, mądrość, nieśmiertelność – w pełni się zawierają. Jakże jednak zdołam oddać słowami naturę Boga? Boga nie da się przedstawić w słowach, nie da się opisać. Tylko w głębokiej medytacji poznaje się Jego zadziwiającą istotę.

—◊◊◊—

Wielu nie lubi myśleć o Panu jako osobie. Uważają, że koncepcja antropomorficzna Go ogranicza. Utrzymują, że jest Bezosobowym Duchem, Wszechmocą, Inteligentną Siłą odpowiedzialną za wszechświat.

Lecz jeśli nasz Stwórca jest bezosobowy, to jak to jest, że stworzył ludzi? My jesteśmy osobowi; mamy indywidualność. Myślimy, czujemy, pragniemy; a Bóg dał nam nie tylko zdolność odczuwania myśli i uczuć innych ludzi, lecz także odpowiadania na nie. Pan z pewnością nie jest pozbawiony ducha wzajemności, który ożywia Jego własne stworzenia. Jeśli na to pozwolimy, nasz Ojciec Niebieski może ustanowić i ustanowi osobisty związek z każdym z nas.

—〰—

MOŻESZ GO OGLĄDAĆ, POCZYNAJĄC OD DZISIEJSZEGO WIECZORU, JEŚLI TAK POSTANOWISZ

W każdej chwili wolnego czasu zatapiaj umysł w nieskończonej myśli o Nim. Tocz z Nim poufałą rozmowę; jest On najbliższym z najbliższych, najukochańszym z ukochanych. Kochaj Go tak, jak skąpiec kocha pieniądze, jak płonący miłością mężczyzna kocha swoją ukochaną, jak tonący kocha oddech. Jeśli będziesz żarliwie pragnął Boga, to On do ciebie przyjdzie.

—⁓—

Ubiegłego lata zatrzymałem się klasztorze, gdzie poznałem pewnego kapłana. Był on wspaniałą duszą. Zapytałem go, jak długo jest na ścieżce duchowej jako mnich.

– Około dwudziestu pięciu lat – odpowiedział.

– Czy widzisz Chrystusa? – spytałem.

– Nie zasługuję na to – odparł. – Może odwiedzi mnie po śmierci.

– Nie – zaprotestowałem. – Możesz Go oglądać, poczynając od dzisiejszego wieczoru, jeśli tak postanowisz. – Łzy napłynęły mu do oczu i nic nie odpowiedział.

Musisz się modlić żarliwie. Jeśli będziesz każdego wieczoru siadał do medytacji i wzywał Boga, ciemność się rozjaśni i ujrzysz Światło skryte za tym fizycznym światłem, Życie za wszelkim życiem, Ojca za wszystkimi ojcami, Matkę za wszystkimi matkami, Przyjaciela za wszystkimi przyjaciółmi, Żywioł za wszystkimi żywiołami, Moc za wszystkimi mocami.

V

MÓDL SIĘ
Z DYNAMICZNĄ SIŁĄ
WOLI

—◊◊◊—

DOBRA MODLITWA WYMAGA SIŁY WOLI

Ludzie leniwi sądzą, że Bóg ich wysłucha i spełni ich pragnienia z racji samej tylko modlitwy. Konieczna jest jednak silna wola, dążenie do zharmonizowania jej z wolą Boską. Gdy twoja wola stale skupia się wokół jednego określonego celu, to nabiera dynamiki. Taką dynamiczną siłę woli posiadał Jezus i wszyscy inni wielcy synowie Boży.

—⁓—

Wielu uważa, że nie powinniśmy używać woli do zmiany warunków, aby nie ingerować w plan Boży. Lecz po co Bóg dał nam wolną wolę, jeśli mielibyśmy jej nie używać? Kiedyś poznałem pewnego fanatyka, który twierdził, że nie uznaje używania siły woli, ponieważ to powiększa ego. „Teraz używasz dużo woli, aby mi się sprzeciwić – odpowiedziałem. – Używasz jej do mówienia i siłą rzeczy używasz jej, aby wstawać, chodzić, jeść, pójść do kina albo choćby położyć się spać. Używasz woli do wszystkiego, co robisz. Bez siły woli byłbyś człowiekiem mechanicznym". Nieużywanie woli nie jest tym, co miał na myśli Jezus, mówiąc: „Nie moja wola, lecz Twoja niech się stanie" (Łk 22:42). Wskazywał, że człowiek musi nauczyć się poddawać swoją wolę, którą rządzą pragnienia, woli Bożej. Zatem właściwa modlitwa, kiedy jest nieustanna, jest wolą.

—ππ—

CIĄGŁE SZEPTY UMYSŁU ROZWIJAJĄ DYNAMICZNĄ MOC POTRZEBNĄ DO SPEŁNIENIA WŁASNEJ WOLI

Kiedy chcesz obejrzeć jakiś wyjątkowe widowisko albo kupić ubranie czy samochód, które cię zachwyciły, to czyż nie jest prawdą, że niezależnie od tego, co właśnie robisz, twój umysł stale myśli, jak mógłbyś zdobyć te rzeczy? Dopóki nie spełnisz swoich silnych pragnień, umysł nie spocznie; bezustannie pracuje na rzecz spełnienia tych pragnień...

Szepty umysłu rozwijają dynamiczną siłę przekształcania materii w to, co chcesz. Nie uświadamiasz sobie, jak potężna jest siła umysłu. Gdy umysł i wola zestrojone są z wolą Boską, nie musisz kiwnąć palcem, by dokonać zmian na ziemi. Boskie prawo działa za ciebie. Wszystkie istotne osiągnięcia mego życia zostały dokonane dzięki owej potędze umysłu zharmonizowanego z wolą Boga. Gdy to Boskie dynamo jest włączone, wszystko, czego pragnę, musi się zrealizować.

—m—

Stosuj wolę i pozytywne afirmacje dotąd, aż zmusisz myśl do pracy dla ciebie. Myśl jest matrycą wszelkiego stworzenia; wszystko stworzyła myśl. Nie ma co do tego wątpliwości. To właśnie taką potężną myślą Chrystus odbudował swoje ukrzyżowane ciało. I to miał na myśli, mówiąc: „Dlatego powiadam wam: Wszystko, o cokolwiek byście się modlili i prosili, tylko wierzcie, że otrzymacie, a spełni się wam" (Mk 11:24).

W zaciszu skoncentrowanej myśli leży ukryta wytwórnia wszystkich osiągnięć. Pamiętaj o tym. W tej wytwórni tkaj nieprzerwanie wzór swojej woli osiągnięcia sukcesu wbrew przeciwnościom. Używaj woli nieustannie. W dzień i w nocy masz wiele możliwości pracy w tej fabryce, jeśli nie marnujesz czasu. Ja w nocy wycofuję się z obowiązków tego świata i jestem sam z sobą, całkowicie w nim nieobecny; świat jest pustką. Sam ze swoją siłą woli, kieruję myśli w pożądanym kierunku, aż postanowię w umyśle, co dokładnie chcę zrobić i jak to zrobić. Następnie zaprzęgam wolę do właściwych działań i to zapewnia mi powodzenie. W ten sposób, wiele razy skutecznie używałem siły woli.

—⟋⟍—

GDY Z UMYSŁU ZNIKA „NIE MOGĘ", POJAWIA SIĘ BOSKA MOC

Musisz wierzyć w możliwość zaistnienia tego, o co się modlisz. Jeśli chcesz mieć dom, a umysł mówi: „Ty głupcze, nie stać cię na dom", to musisz wzmocnić wolę. Gdy z umysłu znika „nie mogę", pojawia się boska moc. Dom nie spadnie ci z nieba. Musisz stale stosować siłę woli w konstruktywnym działaniu. Jeśli wytrwasz, nie akceptując niepowodzeń, przedmiot woli musi się zmaterializować. Jeśli nieustannie przeprowadzasz swoją wolę w myślach i działaniu, to upragniona rzecz musi się zrealizować. Choćby świat cały stawał w poprzek twemu pragnieniu, to przy stałej woli, upragniony rezultat w jakiś sposób się przejawi. W takiej woli zawiera się odpowiedź Boga; wola bowiem pochodzi od Boga, a stała wola to wola Boska. Słaba wola jest wolą śmiertelnika. Gdy tylko osłabią ją trudności i niepowodzenia, traci połączenie z dynamem Nieskończonego. Lecz za ludzką wolą kryje się Boska, która nigdy nie zawodzi. Nawet śmierć nie ma mocy powstrzymania woli Boskiej. Pan na pewno odpowie na modlitwę, za którą stoi stała siła woli.

—ᗰ—

"POWIEDZIELIBYŚCIE TEJ GÓRZE: PRZENIEŚ SIĘ ..." (MT 17:20)

Kiedy postanowisz czynić dobro, to tego dokonasz, jeśli do końca będziesz używał dynamicznej siły woli. Niezależnie od okoliczności, jeśli nie przestaniesz się starać, Bóg stworzy środki, z pomocą których twoja wola zostanie należycie nagrodzona. Do tej prawdy nawiązał Jezus, mówiąc: „Jeślibyście mieli wiarę i nie wątpili [...] gdybyście i tej górze rzekli: Wznieś się i rzuć się do morza, stanie się tak" (Mt 21:21).

—〰—

Studiuj żywoty świętych. Łatwa droga nie jest drogą Pańską. Wiedzie do Niego to, co przychodzi z trudem! Święty Franciszek miał więcej trudności, niż można sobie wyobrazić, lecz się nie poddawał. Mocą umysłu pokonywał te przeszkody, jedną po drugiej, i stał się jednym z Panem Wszechświata. Dlaczego nie miałbyś mieć takiej samej determinacji?

—〰—

JAK MOŻEMY ROZWIJAĆ WOLĘ?

Codziennie podejmij się czegoś, co jest dla ciebie trudne, i postaraj się to wykonać. Nawet jeśli ci się to nie uda pięć razy, nie ustawaj, a jak tylko ci się powiedzie z jedną rzeczą, użyj skoncentrowanej siły woli do wykonania następnej. W ten sposób będziesz mógł dokonywać coraz to większych rzeczy. Wola jest narzędziem obrazu Boga w tobie. W woli leży Jego nieograniczona moc – moc, która rządzi wszystkimi prawami przyrody. Jako że jesteś uczyniony na Jego obraz, moc ta należy do ciebie i możesz jej używać do realizacji wszystkiego, czego pragniesz. Możesz stworzyć dobrobyt; możesz przemienić nienawiść w miłość. Módl się, aż ciało i umysł będą ci całkowicie poddane. Wtedy otrzymasz odpowiedź od Boga.

—〰—

TRAKTUJ BOGA POWAŻNIE

Większość ludzi, wyrażając pragnienie uzdrowienia i wiarę, że Bóg zdoła ich uleczyć, ma tylko takie życzenie. W rzeczywistości modlą się z niewiarą w sercach czy też z poczuciem daremności, myśląc, że Bóg nie zważy na ich modlitwę; albo modlą się i nie czekają, aby sprawdzić, czy modlitwa dotarła do Boga.

—◈—

Krótka rozmowa z Nim, a potem zapomnienie o Nim nie spowodują Jego odpowiedzi. Do Boga trudno dotrzeć, ponieważ nie wszyscy traktują Go poważnie. Metoda modlitwy jest zwykle nieskuteczna, ponieważ w większości modlitwy są nie dość głębokie albo za mało jest w nich oddania.

—◈—

WZYWAJ BOSKĄ MATKĘ, AŻ PRZYJDZIE

Jedyną skuteczną modlitwą jest taka, w której cała twoja dusza płonie pragnieniem Boga. Bez wątpienia kiedyś się tak modliłeś; może wtedy, gdy bardzo czegoś chciałeś lub pilnie potrzebowałeś pieniędzy – wtedy rozpalałeś eter swoim pragnieniem. To właśnie musisz czuć do Boga.

—⚍—

Kiedy wiesz, że jakaś rzecz jest dobra, dlaczego nie miałbyś się o nią ubiegać? Dlaczego nie miałbyś płakać za Panem, aż niebiosa się zatrzęsą od twoich modlitw... Pamiętaj, to nieposłuszne dziecko przyciąga uwagę matki. Dziecko, które łatwo uspokoić, szybko zadowala się zabawkami. Natomiast niegrzeczne pragnie jedynie matki i płacze, dopóki ona nie przyjdzie.

—⚍—

PRZYZYWAJ BOSKĄ MATKĘ
WOŁANIEM DUSZY

„Przyzwij moją Matkę wołaniem duszy; nie zdoła już dłużej pozostać w ukryciu." Zamknij oczy, pomyśl o Bogu i przyzwij Boską Matkę wołaniem duszy. Możesz to robić o każdej porze, wszędzie. Bez względu na to, co robisz, możesz w myślach rozmawiać z Bogiem: „Panie mój, szukam Cię. Nie pragnę niczego poza Tobą. Marzę, by być z Tobą zawsze. Stworzyłeś mnie na swoje podobieństwo; mój dom jest u Ciebie. Nie masz prawa trzymać mnie z dala od siebie. Możliwe, że postępowałem źle, kuszony ułudami Twojej kosmicznej gry; ale ponieważ jesteś moją Matką, moim Ojcem, moim Przyjacielem, wiem, że mi przebaczysz i przyjmiesz z powrotem. Chcę wrócić do Domu. Chcę przyjść do Ciebie".

—⚬—

Każdego wieczoru, gdy siadasz do medytacji, módl się nieustannie do Boga. Rozdzieraj ciszę swoją tęsknotą. Wołaj do Boga, jak gdybyś wołał do swojej matki albo ojca: „Gdzie jesteś? Ty mnie stworzyłeś, Ty obdarzyłeś mnie inteligencją, abym Cię szukał. Jesteś w kwiatach, w księżycu i gwiazdach; czy musisz się ukrywać? Przyjdź do mnie. Musisz przyjść, musisz!". Pełną koncentracją umysłu, całą miłością swego serca rozdzieraj raz za razem zasłonę ciszy. Tak jak stałe ubijanie wydobywa z mleka ukryte masło, ubijaj eter ubijaczem swego oddania, a Bóg się z niego wyłoni.

—⟋⟍—

PROŚ Z CAŁEGO SERCA, RAZ PO RAZ

Nie spocznij, dopóki On nie odpowie. Proś z całego serca, raz po raz: „Objaw mi się! Objaw mi się! Choćby gwiazdy się rozpadły, Ziemia znikła, dusza moja wołać będzie do Ciebie 'Objaw mi się!'". Jego głuche milczenie nie oprze się lawinie twoich nieustannych, usilnych modlitw. W końcu, jak niewidzialne trzęsienie ziemi, On nagle się objawi. Jego głuche milczenie nie oprze się nieustającej lawinie usilnych modlitw. Mury milczenia ograniczające zbiornik twojej świadomości zatrzęsą się i runą, i poczujesz, że wpływasz jak rzeka do Potężnego Oceanu, i powiesz do Niego: „Jestem teraz jednym z Tobą; wszystko, co Ty masz, ja mam także".

VI

ODZYSKAJ SWOJE WEWNĘTRZNE SANKTUARIUM

W CISZY DUSZY

Gdy Bóg nie odpowiada na modlitwy, to dzieje się tak dlatego, że nie są one dostecznie żarliwe. Ofiarując Mu oschłą imitację modlitwy, nie możesz oczekiwać, że przyciągniesz uwagę niebieskiego Ojca. Jedynym sposobem dotarcia do Boga z pomocą modlitwy jest modlić się wytrwale, regularnie i z największą żarliwością. Oczyść umysł z wszelkich negatywnych emocji, takich jak strach, zmartwienia, złość, a następnie napełnij go uczuciami miłości, chęcią służenia i radosnym oczekiwaniem. W najświętszym miejscu serca musi panować jedna moc, jedna radość, jeden pokój – Bóg.

—〰—

Bóg w swej nieskończonej łasce daje nam Swoją radość, Swoje natchnienie, prawdziwe życie, prawdziwą mądrość, prawdziwe szczęście i prawdziwe rozumienie poprzez najrozmaitsze doświadczenia życiowe. Lecz chwała Boża objawia się jedynie w ciszy duszy…

Im bardziej będziesz się koncentrował na przedmiotach zewnętrznych, tym mniej doznasz wewnętrznej chwały wiecznej radości Ducha. Im bardziej będziesz się koncentrował na świecie wewnętrznym, tym mniej będziesz miał trudności w zewnętrznym.

— ⠿ —

Już jedna myśl może cię zbawić. Nie zdajesz sobie sprawy z tego, jak skutecznie działają myśli w eterze.

— ⠿ —

Każda pomyślana myśl wywołuje konkretną subtelną wibrację... Kiedy w myślasz wypowiadasz słowo *Bóg* i stale powtarzasz tę myśl w sercu, powoduje ona wibrację, która przyzywa obecność Bożą.

— ⠿ —

Nasyć wszystko myślą o Bogu. Uświadom sobie, że wszystko, co istnieje, skupione jest w Bogu.

— ⠿ —

Nie można Go nigdy przekupić, ale łatwo Go wzruszyć szczerością, uporem, koncentracją, oddaniem, determinacją i wiarą.

—〜—

USUŃ Z UMYSŁU WSZELKĄ WĄTPLIWOŚĆ, ŻE BÓG NIE ODPOWIE

Musisz usunąć z umysłu wszelką wątpliwość, że Bóg nie odpowie. Większość ludzi nie otrzymuje odpowiedzi z powodu niedowierzania. Jeśli jesteś absolutnie zdecydowany coś osiągnąć, nic cię nie powstrzyma. Natomiast gdy się poddajesz, wydajesz werdykt przeciwko sobie. Człowiek sukcesu nie zna słowa „niemożliwe".

—ᵐ—

MÓDL SIĘ CIERPLIWIE I Z WIARĄ

Przypuśćmy, że masz hipotekę na dom i nie dajesz rady jej spłacać. Albo jest pewna posada, której pragniesz. W ciszy, która przychodzi po głębokiej medytacji, skoncentruj się z niewzruszoną wolą na myśli o swojej potrzebie. Nie sprawdzaj ciągle rezultatu. Jeśli posadzisz nasionko w ziemi, a potem będziesz je co jakiś czas wyjmował, aby sprawdzić, czy kiełkuje, to nigdy nie wypuści kiełków. Podobnie, jeśli za każdym razem, gdy się modlisz, szukasz znaku, czy Pan spełnia twoje pragnienie, to nic się nie wydarzy. Nigdy nie staraj się sprawdzać Boga. Tylko módl się nieprzerwanie. Twoim zadaniem jest zwrócić uwagę Boga na swoją potrzebę i wykonać swoją część pracy, aby pomóc Bogu w jej spełnieniu. Na przykład, w przypadku chronicznej choroby zrób, co w twojej mocy, by pomóc w leczeniu, ale wiedz w sercu, że ostatecznie tylko Bóg może pomóc. Każdego wieczoru siadaj do medytacji z tą myślą i z całą determinacją módl się; pewnego dnia nagle stwierdzisz, że choroba minęła.

Po zasianiu nasienia żądania w glebie wiary nie wy-
kopuj go co chwila, aby je zbadać, bo nie wykiełkuje
i nie przyniesie plonu. Zasiej nasienie żądania
w wierze i podlewaj je stałą, codzienną praktyką
słusznego żądania. Nie zniechęcaj się, jeśli nie będzie natychmiastowego skutku. Nie odstępuj od
żądań, a odzyskasz swoje utracone boskie dziedzictwo. Wtedy i dopiero wtedy, Wielkie Spełnienie za-
wita do twego serca. Domagaj się, aż ustalisz swoje
prawa przysługujące Ci u Boga. Domagaj się nieprzerwanie tego, co do ciebie należy, a otrzymasz to.

Nawet prawdziwi wielbiciele myślą czasem, że Bóg
nie odpowiada na ich modlitwy. Odpowiada On na
nie po cichu, poprzez swoje prawa; dopóki jednak
nie jest absolutnie pewien wielbiciela, nie odpowie
otwarcie. Nie przemówi do niego. Pan Wszech-
światów jest tak pokorny, że nie mówi nic, aby
przez to nie wpłynąć na wolną wolę, z jaką wielbiciel może Go przyjąć albo odrzucić. Jak tylko Go

poznasz, bez wątpienia Go pokochasz. Któż mógłby się oprzeć Nieodpartemu? Aby poznać Boga, musisz jednak udowodnić swą bezwarunkową miłość do Niego. Musisz mieć wiarę. Musisz *wiedzieć*, że już w chwili, gdy się modlisz, On ciebie słucha. Wtedy On da się tobie poznać.

—∿—

W JASKINI WEWNĘTRZNEJ CISZY ZNAJDZIESZ ŹRÓDŁO MĄDROŚCI

Boga w świątyni serca znajduje ten, kto jest psychicznie niepokonany. Niezależnie od przeszkód możesz uczynić jedno: w tajemnej świątyni serca możesz szukać Boga; i możesz Go kochać całym sercem. Ilekroć masz trochę czasu pośród zajęć, udaj się do jaskini ciszy w sobie. Nie znajdziesz ciszy pośród tłumów. Szukaj chwil odosobnienia, a w jaskini wewnętrznej ciszy znajdziesz źródło mądrości.

—m—

ZNAJDŹ SCHRONIENIE
W WEWNĘTRZNEJ ŚWIĄTYNI
CISZY

Pozostań w ciszy spokoju przynajmniej przez pół godziny, a lepiej o wiele dłużej, zanim udasz się na spoczynek i ponownie rano przed rozpoczęciem codziennych zajęć. Wytworzy to silny, wewnętrzny nawyk szczęścia, który będzie nie do pokonania i który sprawi, że potrafisz stawić czoło wszystkim trudnym sytuacjom w codziennych życiowych zmaganiach. Czując to niezmienne szczęście, zajmij się zaspokajaniem codziennych potrzeb.

—ɷ—

Gdzie przebywa twój umysł, tam spędzasz czas.

—ɷ—

Gdy ścigają cię bestie zmartwień, choroby i śmierci, jedynym twoim schronieniem jest wewnętrzna świątynia ciszy. Człowiek głęboko duchowy dniem i nocą żyje w spokojnej wewnętrznej ciszy, której nie mogą zakłócić ani złowieszcze obawy, ani nawet łoskot zderzających się światów...

Jakaż radość czeka na odkrycie w ciszy za bramą umysłu, tego język ludzki nie zdoła opisać. Ale musisz się sam przekonać, musisz medytować i stworzyć takie środowisko. Ci którzy medytują głęboko, czują cudowny wewnętrzny spokój. Ten spokój powinno się utrzymywać nawet w towarzystwie innych ludzi. To, czego się nauczyłeś w medytacji, praktykuj w działaniu i rozmowie; niech nikt cię nie wytrąci z tego stanu ciszy. Trzymaj się jej... W wewnętrznej świątyni ciszy przyjmuj Boga swą obudzoną intuicją.

—⟁—

Bóg jest w sercu i duszy każdej istoty. I kiedy otworzysz w sobie tajemną świątynię w sercu, to z pomocą wszechwiedzącej intuicji duszy będziesz czytał księgę życia. Wtedy, i tylko wtedy, połączysz się z żywym Bogiem. I poczujesz Go w samej istocie swego bytu. Bez tego uczucia w sercu nie będzie odpowiedzi na twoje modlitwy. Możesz przyciągnąć to, co pozwolą ci uzyskać pozytywne działania i dobra karma; lecz aby świadomie otrzymać odpowiedź od Boga, musisz najpierw osiągnąć z Nim Boską harmonię.

—⁓—

ZANURZ SIĘ W BOSKIM SPOKOJU

Wzywajcie w myślach Boga z całym zapałem i szczerością waszych serc. Świadomie wzywajcie Go w świątyni ciszy; a w głębszej medytacji odnajdźcie Go w świątyni ekstazy i szczęśliwości. Śpiewajcie ze świadomością, że Bóg jest tutaj. Myślą i uczuciem posyłajcie mu miłość z całego serca, duszy i z całej siły. Intuicją duszy poczujcie, jak Bóg się przejawia, przebijając się przez chmury waszego niepokoju jako wielki spokój i radość. Spokój i radość to głosy Boga, które od dawna leżały uśpione w mroku waszej niewiedzy, zignorowane i zapomniane pośród zgiełku ludzkich namiętności.

Królestwo Boże znajduje się tuż za ciemnością zamkniętych powiek, a pierwszą bramą, która się na nie otwiera, jest wasz spokój. Zrób wydech, rozluźnij się i poczuj, jak ten spokój rozprzestrzenia się wszędzie, w tobie i na zewnątrz. Zanurz się w tym spokoju.

Głęboki wdech. Wydech. Teraz zapomnij o oddechu. Powtarzaj za mną:

„Ojcze, ucichły odgłosy świata i niebios. Jestem w świątyni ciszy. Przed moim wzrokiem wznosi się, kondygnacja za kondygnacją, Twoje wieczne króle-stwo spokoju. Niech to nieskończone królestwo, tak długo ukryte za ciemnością, pozostanie we mnie na zawsze. Spokój wypełnia moje ciało; spokój wypeł-nia moje serce i mieszka w mojej miłości; pokój we mnie, pokój na zewnątrz, wszędzie. Bóg jest poko-jem. Jestem Jego dzieckiem. Jestem pokojem. Bóg i ja to jedno".

W BOGU JEST TWÓJ PRAWDZIWY DOM

Gdy pozostajemy w harmonii z Bogiem, słyszymy Jego głos: „Kocham się od wieków; kocham cię teraz; i będę cię kochał, aż wrócisz do Domu. Czy wiesz o tym, czy nie, będę cię kochał zawsze".
On przemawia do nas w ciszy, wzywając nas do powrotu do Domu.

—⚭—

Ostatecznie, nie może ci się nie udać dotrzeć do Boga. Niemądrze jest pytać: „Czy zdołam się dostać do królestwa niebieskiego?". Nie ma innego miejsca, w którym mógłbyś zamieszkać, bo to jest twój prawdziwy dom. Nie musisz na niego zasłużyć. Już jesteś dzieckiem Boga, stworzonym na Jego podobieństwo. Musisz tylko zedrzeć maskę człowieka i uświadomić sobie swoje boskie dziedzictwo.

—⚭—

W ŚWIĄTYNI CISZY PODARUJE WAM ON SIEBIE SAMEGO

Wszyscy jesteście bogami; gdybyście tylko to wiedzieli! Za falą ludzkiej świadomości leży ocean obecności Bożej. Musicie spojrzeć w siebie. Nie koncentrujcie się na małej fali ciała z jego słabościami; spójrzcie pod spód. Zamknijcie oczy i zobaczcie przed sobą ogromną wszechobecność, wszędzie, dokąd wzrok sięga. Jesteście w środku tej sfery i jeśli pozwolicie swojej świadomości wznieść się ponad ciało i jego doświadczenia, przekonacie się, że sfera wypełniona jest wielką radością i szczęściem, które zapala gwiazdy i daje moc wiatrom i burzom. Bóg jest źródłem wszystkich naszych radości i wszystkich zjawisk w przyrodzie...

Obudźcie się z mroku niewiedzy. Zamknęliście oczy we śnie ułudy. Obudźcie się! Otwórzcie oczy, a ujrzycie chwałę Boga – ogromną panoramę boskiego światła, rozświetlającego wszystko. Mówię wam, bądźcie utwierdzonymi w Bogu, a znajdziecie w Nim odpowiedzi na wszystkie pytania…

Musicie się upomnieć o swoje Boskie dziedzictwo.

Wasza stała modlitwa, ogromna determinacja, nie-ustające pragnienie Boga skłonią Go do złamania potężnej obietnicy milczenia i wam odpowie. Nade wszystko, w świątyni ciszy podaruje wam On Siebie samego.

—⟋⟋⟍—

MODLITWA, KTÓRA POWINNA
BYĆ PIERWSZA W KAŻDYM SERCU

Bóg jest rzeczywisty i można Go odnaleźć w tym życiu.

W sercach ludzkich jest wiele modlitw – o pieniądze, sławę, zdrowie – modlitw o rzeczy wszelkiego rodzaju. Lecz modlitwą, która powinna być pierwszą w każdym sercu, jest modlitwa o obecność Bożą. Krocząc drogą życia, po cichu i na pewno, uświadomisz sobie, że Bóg jest jedynym celem, jedynym obiektem jaki cię zadowoli; w Bogu bowiem jest zaspokojenie każdego pragnienia serca...

Dusza jest świątynią Boga. Ciemność śmiertelnej niewiedzy i ograniczeń musi zostać przegnana z tej świątyni. Cudownie jest przebywać w świadomości duszy – umocnionym, silnym!

Nie bój się niczego. Nie żywić do nikogo nienawiści, darzyć wszystkich miłością, dostrzegać w każdym Jego obecność i mieć jedno tylko pragnienie – by stale gościł w świątyni twojej świadomości – tak należy żyć w tym świecie.

O AUTORZE

Paramahansa Jogananda (1893-1952) powszechnie uważany jest za jedną z najwybitniejszych duchowych postaci naszych czasów. Urodzony w północnych Indiach, przybył do Stanów Zjednoczonych w 1920 roku, gdzie przez ponad trzydzieści lat propagował pochodzące z Indii starożytne nauki medytacji i sztukę zrównoważonego życia duchowego. Poprzez wysoko cenioną historię własnego życia, opisaną w *Autobiografii jogina*, i wiele innych książek, zapoznał miliony czytelników z ponadczasowymi prawdami, na których opierają się religijne tradycje Wschodu i Zachodu. Pod przewodnictwem Śri Mrinalini Maty, jego duchowe i humanitarne dzieło kontynuowane jest przez Self-Realization Fellowship, międzynarodowe stowarzyszenie, które założył w 1920 roku w celu szerzenia swoich nauk na całym świecie.

KSIĄŻKI PARAMAHANSY
JOGANANDY W JĘZYKU POLSKIM

Do nabycia w księgarniach lub bezpośrednio od wydawcy

Self-Realization Fellowship
www.yogananda-srf.org

KSIĄŻKI PARAMAHANSY JOGANANDY W JĘZYKU ANGIELSKIM

Do nabycia w księgarniach lub bezpośrednio od wydawcy

Self-Realization Fellowship
3880 San Rafael Avenue • Los Angeles, California 90065-3219 Tel
(323) 225-2471 • Fax (323) 225-5088
www.yogananda-srf.org

Autobiography of a Yogi

The Second Coming of Christ:
The Resurrection of the Christ Within You
Odkrywczy komentarz do pierwotnych nauk Jezusa.

God Talks with Arjuna; The Bhagavad Gita
Nowy przekład wraz z komentarzem.

Man's Eternal Quest
Tom I wyboru odczytów i pogadanek Paramahansy Joganandy.

The Divine Romance
Tom II wyboru odczytów, pogadanek i esejów Paramahansy
Joganandy.

Journey to Self-realization
Tom III wyboru odczytów i pogadanek Paramahansy
Joganandy.

Wine of the Mystic:
The Rubaiyat of Omar Khayyam — A Spiritual Interpretation
Natchniony komentarz, który wydobywa na jaw mistyczną
naukę komunii z Bogiem, skrytą w zagadkowych obrazach
poetyckich *Rubajat*.

Where There Is Light:
Insight and Inspiration for Meeting Life's Challenges

Whispers from Eternity
Zbiór modlitw i opisy przeżyć duchowych, jakich
Paramahansa Jogananda doznał w głębokiej medytacji.

The Science of Religion

The Yoga of the Bhagavad Gita:
*An Introduction to India's Universal Science of
God-Realization*

The Yoga of Jesus:
Understanding the Hidden Teachings of the Gospels

In the Sanctuary of the Soul:
A Guide to Effective Prayer

Inner Peace:
How to Be Calmly Active and Actively Calm

To Be Victorious in Life

Why God Permits Evil and How to Rise Above It

Living Fearlessly:
Bringing Out Your Inner Soul Strength

How You Can Talk With God

Metaphysical Meditations
Zbiór ponad trzystu medytacji, modlitw i afirmacji.

Scientific Healing Affirmations
Paramahansa Jogananda gruntownie wyjaśnia naukę afirmacji.

Sayings of Paramahansa Yogananda
Zbiór powiedzeń i mądrych wskazówek Paramahansy Joganandy. Są to odpowiedzi, jakich szczerze i z miłością udzielił tym, którzy przyszli do niego po radę.

Songs of the Soul
Mistyczne poezje Paramahansy Joganandy.

The Law of Success
Wyjaśnia dynamiczne zasady rządzące osiąganiem celów w życiu.

Cosmic Chants
Śpiewnik zawierający słowa i nuty 60 pieśni religijnych, ze wstępem, w którym Autor wyjaśnia, jak śpiew duchowy może doprowadzić do komunii z Bogiem.

NAGRANIA AUDIO
PARAMAHANSY JOGANANDY

———————————

Beholding the One in All

The Great Light of God

Songs of My Heart

To Make Heaven on Earth

Removing All Sorrow and Suffering

Follow the Path of Christ, Krishna, and the Masters

Awake in the Cosmic Dream

Be a Smile Millionaire

One Life Versus Reincarnation

In the Glory of the Spirit

Self-Realization: The Inner and the Outer Path

POZOSTAŁE PUBLIKACJE
SELF-REALIZATION FELLOWSHIP

———————————

Kompletny katalog opisujący wszystkie Self-Realization Fellowship publikacje oraz nagrania audio/video jest dostępny na żądanie.

The Holy Science
autor Swami Śri Jukteśwar

Only Love:
Living the Spiritual Life in a Changing World
autor Śri Daja Mata

Finding the Joy Within You:
Personal Counsel for God-Centered Living
autor Śri Daja Mata

God Alone:
The Life and Letters of a Saint
autor Śri Gjanamata

"Mejda":
The Family and the Early Life of Paramahansa Yogananda
autor Sananda Lal Ghosh

Self-Realization
(kwartalnik założony przez Paramahansę Joganandę w 1925 r.)

LEKCJE SELF-REALIZATION FELLOWSHIP

_____

Naukowe techniki medytacji rozpowszechniane przez Paramahansę Joganandę, łącznie z *krija-jogą* – jak również jego przewodnik na temat wszystkich aspektów zrównoważonego życia duchowego – zawarte zostały w Lekcjach *Self-Realization Fellowship*. Więcej informacji można uzyskać pisząc z prośbą o przesłanie darmowej broszury "Undreamed-of Possibilities" dostępnej w języku angielskim, hiszpańskim i niemieckim.